壕内《ごうない》に生《い》く」——
荒井《あらい》警察部長《けいさつぶちょう》が内務省《ないむしょう》に
その電報《でんぽう》を打ったのは
五月二十五日のこと
ヒュルルル
ドカーン
ーン
室長部
一九四四年春——
沖縄県職員
上原《うえはら》 良枝《よしえ》(18)
君には部長付きとして
住み込みで警察官舎《けいさつかんしゃ》で
働いてもらう
いいね
沖縄県警察部長《けいさつぶちょう》
荒井《あらい》 退造《たいぞう》(43)
長部
温和な方…
ザッ ザッ
ほっ
事知
奥様です
なんでも
知らないことは
私に聞いてね
教えて
あげますから
沖縄には戦争の影《かげ》が忍《しの》び寄っていました
それに先立ち
大本営《だいほんえい》は県民の
県外疎開《けんがいそかい》を計画
會演講
県外疎開ノススメ
警察部
荒井
どうせ死ぬなら
海の上より
畳の上がいい
家族を残して
行けんよ
荒井部長《あらいぶちょう》率いる
沖縄県警察部《けいさつぶ》が
任に当たりましたが
沖縄の空気は
疎開《そかい》に消極的《しょうきょくてき》でした
知事たるものが
軍に命令される
筋合はない
まつ毛に火が
ついてから慌《あわ》てても
わしは知らんからな!
温厚《おんこう》で快活《かいかつ》な
部長《ぶちょう》が——
はあっ
……
こうなったらまずは
警察官《けいさつかん》や公務員《こうむいん》の
家族から疎開《そかい》だ
七月末 那覇港《なはこう》——

JN077692

ねえ良枝《よしえ》さん
あなたもやっぱり
一緒に行きましょうよ
きゅっ
そうか
上原くんは
残ってくれるのか
一緒に
頑張ろうな
ありがとう
ございます奥様
でも私は
この島が好きだし
家族はもちろん
荒井《あらい》部長《ぶちょう》を置いて本土に
行くなんてできません
私なら大丈夫
ですからご心配
なさらないで——
さらば
沖縄よ♪
また来る
までは〜♪
はっ
それが
奥様と私の
最後の別れと
※目標は
7月中に
8万人だった
疎開《そかい》人数
第1回 752人
第2回 220人
第3回 1566人
第4回(8/10) 約9千人
言葉の通じない
習俗《しゅうぞく》の違う女子どもを
よその地にやるのは
気《き》の毒《どく》じゃないかね
荒井《あらい》くん
第一、海上輸送《かいじょうゆそう》なんて
潜水艦《せんすいかん》に撃沈《げきちん》されたら
一瞬《いっしゅん》でおしまいだ
三十二軍が駐留《ちゅうりゅう》している
本島にいる方が
安全じゃあるまいか
八月二十二日には
疎開船《そかいせん》・対馬丸《つしままる》が
撃沈《げきちん》されるという
悲劇《ひげき》が
起きて
いました
特別援護室
明日から気分一新《いっしん》
勇気をふるってますます
疎開《そかい》を進める所存《しょぞん》です!
ありがとうございます!
一九四四年十月十日——
ドドーン
ヒュルルル
ヒュー
ドガーン
いわゆる
十・十空襲《じゅうじゅうくうしゅう》です
ウ
上原《うえはら》くんは
知事官舎《ちじかんしゃ》の壕《ごう》に
避難《ひなん》していなさい

知事《ちじ》
被害状況《ひがいじょうきょう》の
視察《しさつ》を――
うるさい
その後 独断《どくだん》で
普天間《ふてんま》への
県庁移転《けんちょういてん》を発表
この重大《じゅうだい》な戦局《せんきょく》で
長《ちょう》たるものが
逃《に》げるとは――
十月二十日 米軍が
フィリピンのレイテ島に上陸《じょうりく》
参謀本部《さんぼうほんぶ》は
配備《はいび》の穴埋《あなう》めとして
重要な島南部の
第九師団《だいきゅうしだん》を引《ひ》き抜《ぬ》き
事実上北部を放棄《ほうき》する
形となりました
沖縄本島
①台湾へ
第九師団
②南部の穴を北部の部隊が埋める
根こそぎ動員じゃ
1945年1～3月
第三次防衛召集……15歳から
50歳前後の男子を召集(25000人)
※このうちには師範学校・中等学校・
高等女学校の生徒2361人を含む。
うち1224人(52%)が戦没。
そんな時――
島田新知事の入庁であります
スッ
新知事《ちじ》
島田《しまだ》 叡《あきら》(43)
本当の奮闘はこれからだ
一緒になってともに
勝利への道を前進しよう
無理《むり》な注文かもしれないが
まず元気にやってくれ
明朗《めいろう》にやろうじゃないか
私が万一
元気をなくしたら強く
しかってもらいたい
これからは誰もがみな
思い切ったことを言い
良心《りょうしん》に従《したが》ってやってくれ
島田新知事
新知事《ちじ》 赴任《ふにん》八日目
ざっ
第三十二軍参謀
長《ちょう》 勇《いさむ》(50)
ざわっ
記録によると
この時の知事《ちじ》への軍の依頼《いらい》は
一、老幼婦女子《ろうようふじょし》の北部山岳地帯《さんがくちたい》への
疎開《そかい》の早急化《そうきゅうか》
一、六か月分の住民の食料の早急《そうきゅう》な確保《かくほ》

知事の動きは迅速《じんそく》でした
疎開《そかい》担当を警察《けいさつ》から県庁《けんちょう》に戻し
人口課
さらに二月二十七日危険《きけん》をおして自《みずか》ら台湾《たいわん》に飛び台湾米《たいわんまい》三千石《ごく》(450t)の買付《かいつけ》に成功
それまですべてを一人で背負《せお》い込んでおられた部長《ぶちょう》――
知事《ちじ》は警察《けいさつ》の負担を減らし本来業務をなすべき環境《かんきょう》に戻されました
そしていよいよその日はやってきました
米軍の沖縄上陸《じょうりく》の日が――
三月二十三日
ヒュー
ドカーッ
やあ みな元気だね
敵さん なかなか鮮《あざ》やかだね
米軍はいよいよ本島に接近しているわれわれ県職員は県民保護を第一とし迅速《じんそく》な北部疎開《そかい》を促《うなが》すことを責務《せきむ》とする
そのころ荒井部長《あらいぶちょう》は出張先の大宜味村《おおぎみそん》で空襲に対応していました
那覇
二十五日夜――
ザッ

部長《ぶちょう》！
よくご無事で
この日島田《しまだ》知事《ちじ》は県庁《けんちょう》を首里《しゅり》・識名《しきな》台地《だいち》の五壕《ごごう》に分散《ぶんさん》移動
二十六日　米軍は手始めに慶良間列島《けらまれっとう》を制圧《せいあつ》
そして——
四月一日　午前五時三十分
ドドドドド
グワン
ドーン
のちに「鉄《てつ》の暴風《ぼうふう》」と呼ばれる砲弾《ほうだん》の嵐《あらし》が緑豊かな「守礼《しゅれい》の邦《くに》」に撃《う》ち込まれたのです
米軍の上陸《じょうりく》は「まるでピクニックのよう」と表現されるほど
あっけないものでした
第三十二軍
からの至近攻撃《しきんこうげき》…寝業《ねわざ》作戦です
八原《やはら》高級参謀
いや一挙攻勢《いっきょこうせい》に出るべきだっ！
長《ちょう》参謀
しかし日本軍の大反攻《だいはんこう》は失敗
戦艦《せんかん》・大和《やまと》もあえなく撃沈《げきちん》されました
ゴー
特攻《とっこう》の散華《さんげ》の音
照空灯《しょうくうとう》…それが途絶《とだ》えた後の火柱《ひばしら》
ウォーーン
ドグオン
誰ともなしに合掌《がっしょう》するのが常《つね》でした
四月十八日　首里城炎上《しゅりじょうえんじょう》

これなら長官を
お迎《むか》えしても
不自由はさせまい
那覇《なは》の壕《ごう》には
わし自《みずか》ら
お招《まね》きに伺《うかが》おう
部長《ぶちょう》 水です
お使い下さい
上原《うえはら》くんが命がけで
汲《く》んできた水で
顔なぞ洗えるもんか
それは他の皆と同じ
四月二十七日
市町村長会議《しちょうそんちょうかいぎ》
間もなく
避難民の南下が増《ま》す
ことが想定《そうてい》される
生死をともに
している今こそ
同胞愛《どうほうあい》を発揮《はっき》して
世話してやって
もらいたい
住民を飢《う》えさせる
ことは行政担当者《ぎょうせいたんとうしゃ》に
とっての恥《はじ》であると
肝《きも》に銘《めい》じてほしい
戦場とはいえ
窃盗《せっとう》などの犯罪《はんざい》が
はびこるようなことが
あってはならない
壕長《ごうちょう》の統率《とうそつ》のもと
壕《ごう》内の環境《かんきょう》整備・
食糧増産《しょくりょうぞうさん》を
おこなうように
会議後——
どっ
?
!
あの記者がね、長官に
「戦争に勝ったら一番に
何をなさいますか」と
聞いたら
島田《しまだ》さんときたら
「三日《みっか》二晩《ふたばん》
飲み明かすよ」などと
答えるもんだから
くすっ
荒井《あらい》くん、じゃあ
君ならどうだ
タオルを肩に
ゲタでも履《は》いて
壕《ごう》から出て
水浴《みずあ》びでもするかね

戦勝祝賀会《せんしょうしゅくがかい》は焼《や》け跡《あと》でも良いから首里城《しゅりじょう》でやろうか
魚肉野菜《ぎょにくやさい》などは島尻《しまじり》から持っていくから酒は首里《しゅり》で用意してくれよ
ガヤ
五月――
しかし戦況《せんきょう》は少しずつ悪化していきました
そうか海軍の看護隊に……
上原《うえはら》くんは生まれは小禄《おろく》だったか
そうです
家族は無論心配ですが私には県職員としての責任があります
お国のために命を惜《お》しまず尽《つ》くす覚悟《かくご》はとうにできておりますから
――上原《うえはら》くん
沖縄は、もう危ない
ぶ部長《ぶちょう》……何を……
沖縄は、もう危ない日本の勝敗は知れんがアメリカ軍の物量《ぶつりょう》を見る限り少なくとも沖縄は全滅《ぜんめつ》になる可能性がある
首里《しゅり》の司令部《しれいぶ》も明言はしないが撤退《てったい》を検討《けんとう》しているようだ
知事《ちじ》も私も反対したが聞き入れられはしないだろうな
軍の方針は本土決戦《ほんどけっせん》を少しでも遅《おく》らせるための持久戦《じきゅうせん》だ
だが、君たちは兵隊ではないそれに君はまだ若い命だけは大切にしなさい
沖縄にはあるだろう？守り継《つ》がれてきた言葉が
命《ぬち》どぅ……宝《たから》……

そう
命《ぬち》どぅ宝《たから》、命《ぬち》どぅ宝《たから》だよ
いい言葉だ
むやみに死ぬな
日本がもし負けても国は残していかなくちゃいけない
生きて、生きて生き抜きなさい
そして君らの手で沖縄を再建《さいけん》するんだ
それは 今まで教えられてきたのとは正反対の言葉でした
生きろ

二十三日
私たち女子職員数名は
豊見城《とみぐすく》の海軍外科医部壕《げかいぶごう》に移動し
二十五日 島田《しまだ》知事《ちじ》と荒井部長《あらいぶちょう》は
内務省《ないむしょう》に打電
「六〇万県民只暗黒ナル壕内ニ生ク
此ノ決戦ニ破レテ皇国ノ安泰以テ
望ムベクモナシト信ジ
此ノ部民ト相倶ニ敢闘ス」
そして二十七日
「警察別働隊《けいさつべつどうたい》」の出動を報告《ほうこく》し
以降内務省《いこうないむしょう》との通信は
途絶《とぜつ》したとのことです
海軍外科医部壕《げかいぶごう》——

この壕《ごう》には死体置き場が作ってあって
すでにたくさんの死体が折り重なっていました
ゲーッ
まだ生きてる！
頼《たの》むから助けてくれっ!!
これが、戦争なのか
生きて、生きて生き抜きなさい

やがて海軍も窮地《きゅうち》に陥《おちい》り再び部長《ぶちょう》たちの元へ戻ることになりました
南部・轟《とどろき》の壕《ごう》へと着いたのは六月十一日のこと
およそ二十日ぶりの島田《しまだ》知事《ちじ》との対面でした
無事に帰ってきたか
死んできますと言って出たのに申し訳ありません…
何を言う心配していたんだぞいろいろ辛かっただろう
そう言えば部長《ぶちょう》は——
部長《ぶちょう》！
……あぁ上原《うえはら》くんか……
部長《ぶちょう》、まさかお怪我《けが》でも…！
いや……赤痢《せきり》にやられたようだ……
赤痢《せきり》——激《はげ》しい下痢《げり》や腸《ちょう》の痙攣《けいれん》を引き起こすやっかいな病気でした

荒井《あらい》くん
辛《つら》いところ堪忍《かんにん》な 少し聞いて もろてもええか
長官……?
僕は県庁《けんちょう》を解散《かいさん》する ことにした ここを出て 摩文仁《まぶに》へ行く
長官 それは――
軍と運命をともに するっちゅう ことや
僕がここに 長くおったら 非戦闘員《ひせんとういん》に 迷惑《めいわく》をかける
県職員にもこれ以上 犠牲《ぎせい》を出しとうない
今後は自分の 身を守ることに 専念《せんねん》するよう 申し渡すつもりや
荒井《あらい》くん、県庁解散《かいさん》に ともなって 警察部《けいさつぶ》も解散《かいさん》になる 君も自由や
何をおっしゃる……! 長官が行く以上 わしが行かぬわけが ありますかっ……!
そう言うと思たわ 本当はこんな重病人《じゅうびょうにん》 連れていきたく ないねん
お荷物《にもつ》やさかい、 な
お荷物とは ひどいですな ここまでともに血路《けつろ》を 開いてきた仲を
くっくっ
ほんとや ほんとひどい 知事《ちじ》やな
……僕ほど県民の 役に立たなかった 知事《ちじ》はおらんやろね
どれほどの 県民を死なせて もうたことか…
こういう時 行政《ぎょうせい》の力は 想像以上に無力《むりょく》やな
いや……
長官が沖縄に来て くれたおかげで わしは本当に助け られたのですよ……
それに職員も 県民も……
長官がいなければ もっと犠牲《ぎせい》が出て いたかもしれない……

…荒井《あらい》くんは 郷里《きょうり》は栃木《とちぎ》 やったか
ええ 片田舎《かたいなか》ですが いいところです……
母が残っていますが 無事かどうか……
奥さんと子どもらの 疎開《そかい》先は日野《ひの》やったか
はい 知事《ちじ》は 娘さんがおふたり でしたな……
そや 音楽が 好きでな ……
六月十六日 早朝
おはよう 上原《うえはら》くん
おはようございます 知事《ちじ》 どちらへ――？
僕たちは摩文仁《まぶに》に行く 敵さんは君たち女子ども にはどうもしないから 最後は手を上げて 壕《ごう》を出るんだ
友軍《ゆうぐん》と行動をともに するんじゃないぞ
むやみに 死ぬな
六月十五日 夜
県庁《けんちょう》は本日をもって その活動を停止する 職員には 自由行動を容認《ようにん》する 今後は任務に専念《せんねん》する ことなく、自分の身を 第一に優先《ゆうせん》して 守ること 私と荒井部長《あらいぶちょう》は 摩文仁《まぶに》の軍司令部壕《ぐんしれいぶごう》に移る
みんなには 心底感謝《しんそこかんしゃ》しとる こんな知事《ちじ》に ついてきてくれて
せやけどもう ついてこんでもええ 自分の命を 大切にせなあかん
自分の命を 大切に――
良かった 部長《ぶちょう》はここに 残ってくれた そう、私は思いました
ところが 六月十八日の 未明《みめい》

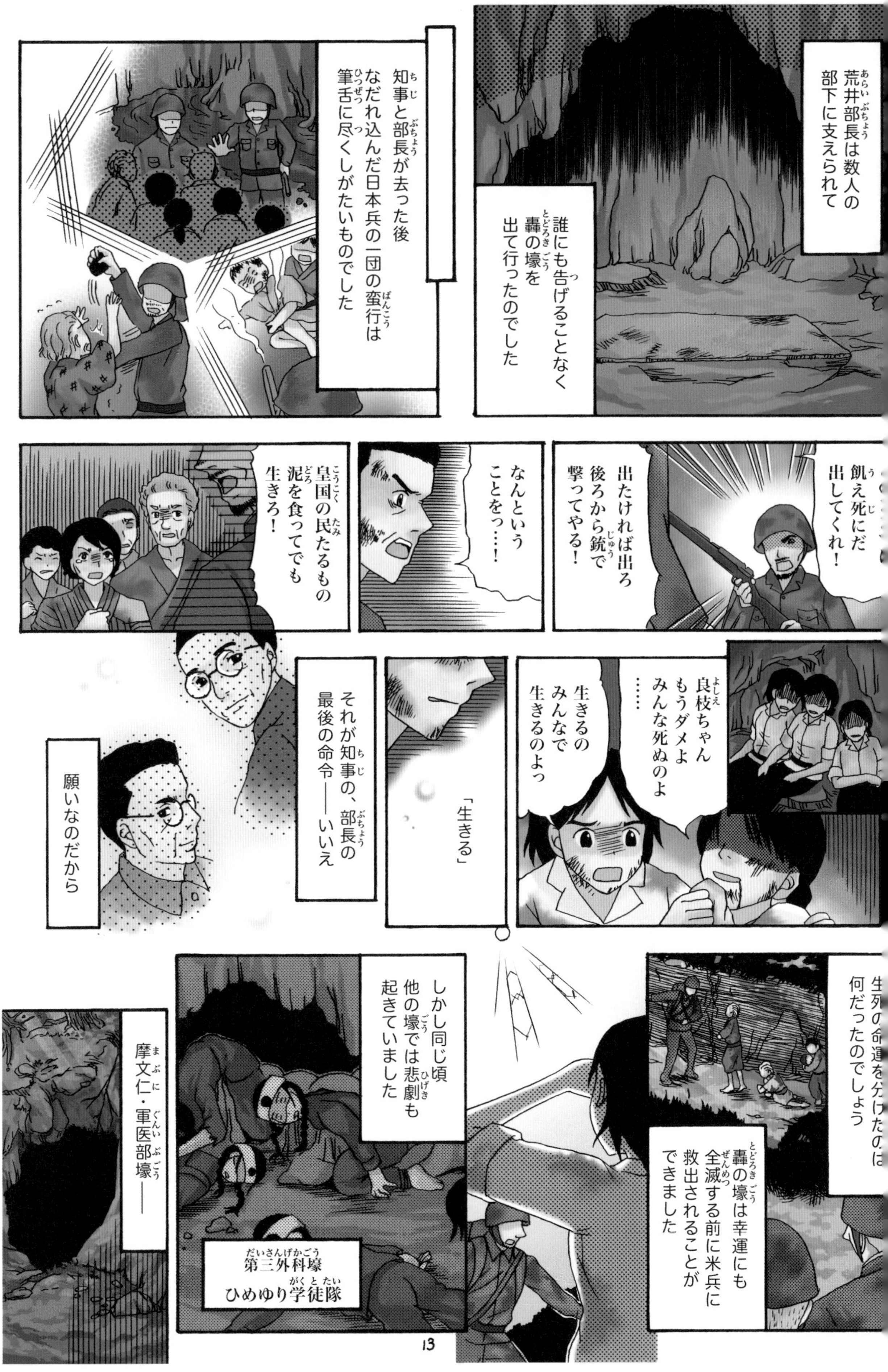
荒井部長《あらいぶちょう》は数人の部下に支えられて
誰にも告《つ》げることなく轟《とどろき》の壕《ごう》を出て行ったのでした
知事《ちじ》と部長《ぶちょう》が去った後なだれ込んだ日本兵の一団の蛮行《ばんこう》は筆舌《ひつぜつ》に尽《つ》くしがたいものでした
飢《う》え死《じ》にだ出してくれ！
出たければ出ろ後ろから銃《じゅう》で撃ってやる！
なんということをっ……！
皇国《こうこく》の民《たみ》たるもの泥《どろ》を食ってでも生きろ！
良枝《よしえ》ちゃんもうダメよみんな死ぬのよ……
生きるのみんなで生きるのよっ
「生きる」
それが知事《ちじ》の、部長《ぶちょう》の最後の命令——いいえ
願いなのだから
生死の命運を分けたのは何だったのでしょう
轟《とどろき》の壕《ごう》は幸運にも全滅《ぜんめつ》する前に米兵に救出されることができました
しかし同じ頃他の壕《ごう》では悲劇《ひげき》も起きていました
第三外科壕《だいさんげかごう》
ひめゆり学徒隊《がくとたい》
摩文仁《まぶに》・軍医部壕《ぐんいぶごう》——

数時間前
軍司令部壕《ぐんしれいぶごう》にて——
なぜです！
なぜ軍と行動をともにしてはいけないのですか！
知事《ちじ》は行政《ぎょうせい》官です われわれ軍人と運命をともにする必要はない 軍医部壕《ぐんいぶごう》へ行って下さい
ドーン
ゴー
ドドド
どれだけの時間が経《た》ったのか——
攻撃がやんだみたいだぞ
軍はおそらく、
行くで ええ死に場所を探さんとな
荒井《あらい》くん
荒井《あらい》くん…… 少し歩くが
守りたかったんやけどな……
守りきれんかったな……
……はい……

戦が終わったら飲む約束やったな
覚えとるか？
ええ……
戦が終わったら……どないな世の中になるんやろな……
……
見たかったなあ……
戦後六年が経《た》ち生き残った県庁《けんちょう》職員の有志《ゆうし》により慰霊《いれい》のための「島守之塔《しまもりのとう》」と「終焉之地《しゅうえんのち》」の碑《ひ》が建立《こんりゅう》されました
またたく間に時は過《す》ぎ、私にも子や孫が生まれ
穏《おだ》やかな家庭に恵まれることができました
今も毎年六月二十三日にはこうして夫や子どもたちと島守之塔《しまもりのとう》、そして終焉之地《しゅうえんのち》の碑《ひ》にお参りしています
そして心の中でつぶやくのです
ざっ

ありがとうございます──
私に生きろと
言ってくれて──
私たちは
あなたたちの思いに
応《こた》えることが
できているでしょうか
ゴーン
ゴーン
緑あふれる摩文仁《まぶに》の丘《おか》は
今日も海の青と空の青が
遠くまじわる景色を
静かに見渡しているのでした

島田叡
(那覇市歴史博物館蔵)

荒井退造
(栃木県立博物館蔵)

沖縄の島守
内務官僚かく戦えり
田村洋三・著
（中公文庫　1190円＋税）
島田叡、荒井退造の足跡を丹念な聞き取りと現場踏査で綴ったノンフィクション

解《かい》題《だい》

沖縄戦の悲劇

このマンガの舞台となった沖縄戦は、太平洋戦争（１９４１～４５年）末期、日本が唯一経験した自国内での地上戦です。

１９４１年12月８日、日本軍はアメリカやイギリスに宣戦布告し、ハワイ真珠湾やフィリピン、東南アジアのマレー半島やインドネシアなどを攻撃、西太平洋のほぼ全域を制圧しました。しかし、戦争が長引くと同時に国力（特に工業生産力）が圧倒的に勝るアメリカに反撃され、１９４５年段階では占領した地域の大部分を失っていました。国内は物資が不足し、国民の生活はどん底だったのです。

そんななか日本軍は、日本列島に敵（連合軍）を迎え撃つ、いわゆる「本土決戦」の準備を進めていました。

すでに、誰の目にも日本の勝利は不可能でした。しかし同じ負けるにしても、一度は敵に多大な犠牲《ぎせい》を与えねばならないというのが、政府や軍の中枢《ちゅうすう》にいた人々の考えでした。そうすれば有利な条件で和平交渉をすることができるというわけです。

しかし、もはや日本にはわずかな兵力しか残っていません。しかも、アメリカ軍の空襲で工業生産が激減し、満足に武器も揃《そろ》えられない。竹槍《たけやり》や弓矢を使うことまで検討しなければならないありさまでした。

とにかく、少しでも長く準備期間を持ちたい。そのため、本土の外で少しでも長く敵の進撃を食い止め、兵力を減らしてほしい。その役目を期待されたのが、沖縄だったのです。

１９７１年に映画『激動の昭和史　沖縄決戦』（岡本喜八監督）が制作されました（ネット配信やＤＶＤで見ることができます）。この映画の中で、陸軍参謀本部の作戦部長が「沖縄は本土のためにある」と言い放つ場面があります。沖縄は本土のための「捨て石」であり、「本土」とは見なされていなかったのです。

沖縄戦にアメリカ軍がつぎ込んだ兵力は約55万（上陸した兵力は約28万）。押し寄せた１２００隻《せき》の艦船のため、「海の水面が見えなかった」という証言が残っています。

一方、迎え撃つ日本軍は約10万、しかも、そのなかで「実際戦闘し得《う》る者は多く見積もっても５万」だったと、沖縄の守備にあたっていた第32軍の作戦参謀・八原博通《やはらひろみち》中佐は語っています（『沖縄決戦』中公文庫）。五倍の敵を相手に、できるだけ戦闘を長引かせろというのですから無茶《むちゃ》な話です。しかも日本軍中枢は、増援部隊を派遣しませんでした。本土決戦でさえ兵力が足りないのに、沖縄に割《さ》ける兵はない、というわけです。

第32軍としてはともかく、「手持《ても》ちの兵力」で、「つとめて多くの敵を牽制抑留《けんせいよくりゅう》し、かつ、つとめて多くの出血を敵に強要し」「沖縄島をつとめて長く、敵手《てきしゅ》に委《まか》せないこと」を方針にするしかない。しかし、わずか５万の戦力では不可能です。

そこで補充兵力として、17歳以上、45歳以下の民間人を「防《ぼう》衛召集《えいしょうしゅう》」しました。また、21の旧制中学校（14～19歳）の男女生徒を「学徒隊」として召集しました。そのなかには有名な「鉄血勤皇隊《てっけつきんのうたい》」や「ひめゆり部隊」も含まれます。ちなみに、

沖縄の島守を語り継ぐ群像
島田叡と荒井退造が結んだ
沖縄・兵庫・栃木の絆
田村洋三・著
（悠人書院　2500円＋税）
『沖縄の島守』の続編。２人の生き様に打たれた人々のドラマ

10万人を超す命を救った
沖縄県知事・島田叡
TBSテレビ報道局『生きろ』取材班・著
（ポプラ新書　780円＋税）
報道ドラマ『生きろ』取材班がその成果をコンパクトにまとめた入門編

15歳以下の年少者を戦闘員として使うのは、国際条約違反です。

３月26日、アメリカ軍は慶良間《けらま》諸島に上陸を開始、沖縄戦が始まりました。４月１日には沖縄本島に上陸、５月には第32軍の司令部のある首里《しゅり》まで迫ってきました。

司令部は首里を撤退し、南部に後退して戦うことに決めました。しかし、そこには多くの住民がとどまっていました。結果的に、日本軍は大勢の民間人を戦火に巻き込みつつ、本島南岸の摩文仁《まぶに》の丘に追い詰められ、牛島満《うしじまみつる》司令官、長勇《ちょういさむ》参謀長が自決、組織的な戦闘は終結しました。

この間、日本側の戦没者は20万余、そのうち11万３千人が沖縄の非戦闘員（民間人）でした。防衛召集された戦闘員も含めると、沖縄県民の４分の１が命を落としたと言われています。一般住民の集団自決も起こりました（日本軍の命令とも言われ、裁判になっています）。「鉄血勤皇隊」や「ひめゆり部隊」も半数以上が若い命を散らしています。

一方のアメリカ軍の戦死者も１万４０００人以上にのぼりました。また、２万６千人のアメリカ軍人が戦闘神経症（正式名称は心的外傷後ストレス障害＝ＰＴＳＤ）にかかっています。戦争は、敗者はもとより、勝者にも深い傷《きず》を負わせた。

そして、これだけ沖縄に犠牲を強《し》いたにもかかわらず、結局「本土決戦」は行われぬまま、日本は無条件降伏したのです。

生命を軽視した戦争中の日本

なぜ沖縄戦の悲劇が起こったのか、少し深掘《ふかぼ》りします。

太平洋戦争末期、日本の中枢が唱えたのは「国体護持《こくたいごじ》」でした。同じ負けるにしても「国体」、日本の支配体制や制度が、敗北によって変えられないことが最優先だった。だからこそ、国民に竹槍や弓矢を持たせて、航空機や戦車で攻め寄せてくる敵を迎え撃つなどという発想が生まれた。国民の生命が優先されることはありませんでした。

１９４１年１月、陸軍大臣・東条英機《とうじょうひでき》は「戦陣訓《せんじんくん》」と呼ばれる、日本軍兵士の心得を発表しました。そのなかに「生きて虜囚《りょしゅう》の辱《はずかしめ》を受けず」という一節があります。敵の捕虜《ほりょ》になるくらいなら自決すべきだ、と解釈されました。

その結果、多くの部隊が絶望的な突撃を敢行して全滅しました（玉砕《ぎょくさい》と呼ばれました）。また、民間人が集団自決するという悲劇も生まれたのです。米軍に制圧されたサイパン島では、１万人の兵士や民間人が飛び降りて亡くなったというバンザイクリフと呼ばれる崖があります。

一方、他の多くの国では捕虜になることは恥とはされませんでした。アメリカでは、捕虜になった兵士が収容所から脱走する物語が、幾度も映画化されています（『大脱走』など）。脱走することは敵に負担をかけることになり、立派な軍人としての役目という合理的な考え方です。

自決した牛島司令官の最後の命令はこう結ばれていました。「予《よ》（私）の指揮は不可能となれり。自今諸子《じこんしょし》（部下の将兵たち）は、おのおのその陣地に拠《よ》り、……祖国のため最後まで敢闘《かんとう》し、生きて虜囚の辱めを受くることなく、悠久《ゆうきゅう》の大義《たいぎ》に生《い》くべし」（『沖縄決戦』）。全滅するまで戦え、というわけです。ちなみに「悠

群青の墓標
最後の沖縄県官撰知事・島田叡
横家伸一・著
（文芸社　1500円＋税）
島田叡の生涯を、同じ兵庫県出身の著者が小説化

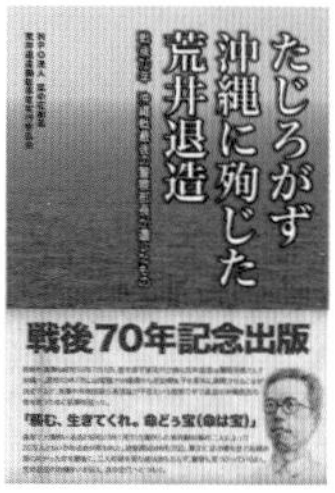

たじろがず沖縄に準じた荒井退造
戦後70年 沖縄戦最後の警察部長が遺したもの
菜の花街道荒井退造顕彰事業実行委員会・著
（下野新聞社　1300円＋税）
2015年「菜の花文化フォーラム」での講話、大田昌秀元知事の寄稿、新聞連載で構成

久の大義に生きる」とは、国家の繁栄や正義の実現のためには命を惜しまない、くらいの意味です。

日本には昔から、責任をとって死ぬことを潔《いさぎよ》い行いだとする風潮《ふうちょう》がありました。しかし、軍隊は命令で動く組織です。命令を下すべき司令官が「勝手に戦え」と言い残して死んだ。規律を失った軍隊が暴徒《ぼうと》の群《む》れと化すことは珍《めずら》しくありません。

マンガのなかで、島田叡《しまだあきら》が上原良枝《うえはらよしえ》に「友軍と行動をともにするんじゃないぞ」と告げるくだりがあります。その後、彼女らに対する日本軍兵士の行いは、ひどいものでした。

沖縄戦の悲劇は、人命軽視の風潮や、上に立つ者の無責任さが、どれだけ人の心を荒廃させるかを教えてくれます。

語り継がれる2人の島守

沖縄戦についてやや詳しく述べてきたのは、人命軽視の風潮のなかで、島田叡や荒井退造《あらいたいぞう》が口にした「命を大切に」「生きろ」という言葉の重さを理解していただきたかったからです。

極限状態《きょくげんじょうたい》のなかで、2人の島守《しまもり》が見せた、人間としての崇《すう》高《こう》さは、多くの人々の胸を打ちました。世間であまり知られていなかった個人の功績を広めようとする活動を、顕彰《けんしょう》と言います。島田叡と荒井退造を顕彰しようという動きが最初に起こったのは、言うまでもなく、沖縄でした。

沖縄戦が終わって5年後の１９５１年6月25日、摩文仁の丘に、島田や荒井、そして戦没した沖縄県職員を慰霊《いれい》する「島守の塔」が建立《こんりゅう》されました。

島田の出身地である兵庫県神戸《こうべ》市では、１９６４年5月、母校・兵庫高校に「合掌《がっしょう》の碑《ひ》」が建てられました。島田叡顕彰の中心を担《にな》ったのは、同校OB（武陽会《ぶようかい》）でもある金井元彦《かないもとひこ》兵庫県知事（当時）だったと言われています。同年には、学生時代には野球選手だった島田叡にちなみ、「島田杯」というトロフィーが製作されました。1つは兵庫高校に、もう1つは沖縄県の高校野球連盟に贈られました。これを機《き》に、沖縄と兵庫のスポーツ交流が盛んになったのです。

さらに１９７２年、沖縄の本土復帰（アメリカからの施政権《しせいけん》返還《へんかん》）を期して、兵庫県で「兵庫・沖縄友愛運動」が起こり、募金1億９０００万円が集められ、そのお金をもとに１９７５年、那覇《なは》市の奥武山《おうのやま》公園に「沖縄兵庫友愛スポーツセンター」が建設されました。老朽化《ろうきゅうか》により２００７（平成19）年に取り壊されましたが、同公園の敷地内にある多目的グラウンドは「兵庫・沖縄友愛グラウンド」と名づけられ、その傍《かたわ》らに２０１５年、「島田叡氏顕彰碑」が建てられました。野球人・島田が沖縄に残したものを風化させまいとする人々が結成した「島田叡氏事跡顕彰期成会」（会長＝嘉数昇明《かかずのりあき》・元沖縄県副知事）らの働きかけによるものでした。

他にも兵庫では、武陽会などを中心に、シンポジウムやイベントなど、さまざまな催《もよお》しが開催されています。２０１３年8月にはTBSが島田叡を主人公とする報道ドラマ『生きろ　戦場に残した伝言』を放映します（緒方直人氏が島田を、的場浩司氏が荒井を演じました）。製作にあたったのは武陽会の藤原康《ふじわらやす》延《のぶ》プロデューサーでした。同ドラマには、島田や荒井の人柄に触れたり、顕彰活動を続けている人々の貴重な証言が収録され